AF191916

♥ SULA MUSTA TULI

runokokoelma

P Merivuori

SULA MUSTA TULI

Kustantaja: BoD – Books on Demand, Helsinki, Suomi
Valmistaja: BoD – Books on Demand, Norderstedt, Saksa

ISBN: 978-952-80-2641-9

"Whenever you dream
You're holding the key
It opens the door
To let you be free"

- Ronnie James Dio (1942-2010)

♫ "Sacred Heart", 1985

KATKELMIA:

SYLIOPISTO

Murheiluhullun

valtakunnassa kaikki nurin

Sähäkkään juoksimme satametriä

Seesteisemmin maraton

Illansuussa korvaan kuiskaus

Laji onkin suunnistus

Tavoin teit kuninkaan

Annoit kruunun

orjantappuran

Sydänyöllä nyyhkit pallealle suolapuron

Peiton päällä puhumattomuus painoi tonnin

Yhdessä väijyimme unta, yksin

tahollaan elämää

Katulampusta bambukaihtimiin

haalistuneisiin

välkehti syysusvan musta taika

Rinnan

kyyneleistä mykkinä suolapatsaat,

nuijitut kuutit, siivetönnä rastaat

Rekka täristi jyristen ohi

Napa märkänä nielin, niin meidänkin

marionettien aika

Viiltoja, jotka fileeranneet irti päivien luut

kuin pikkupojan omenahaukusta maitohammas

kiinni hedelmälihaan

Korkkimatolla aamutakin ryppyinen rusto

kroolaa, altaassa

tyhjänpantin

tyhjät pantit

Kaksiossa yksi tuoksu, laveeraan enkelin

hiestä lakanaan

Jo harmaasti kurkottaa herätys

Verkkaan varma kipu

Hiekkalaatikossa huurreneilikoita

Sisällä eteenpäin menemisen kitka

Rajapinnat puhkovat toisensa

Pesä Pirunsaaren latvassa

Jumalan parrassa roikkujalla

Tulostin ulostaa lunastamatta jääneet lupaukset

Paletti sekaisin, murtunein sävyin

piirrän omakuvaa

ja veteen viivoja

ollakseni

kuussa se toinen mies, uniikki klikki

vertansa vailla

Ilman happea kiipijä

himaläjän huipulla

Mietintämyssynä mortteli

Sisällä Kuolleenmeren siili

Aamukuudelta Valmet, sokerijuurikkaat

survomoon

Järjenviiniveikukkuukuuntelenjätkät

söi rosollit

Neljä meitä oli, kyvyillään kukin

kehuskeli

Yhdessä rempattiin

Lepakkomies, Hämähäkkimies, Teräsmies ja Poikamies

Kolme naulasi tavoitteet, yksi

laatoitti kylppärin

Vaikka viserrän Sirkulle

että joraan kuin kurki, uumani

nytkähtelyssä palokärjen kutina

Kunpa kohta meille

vähän ilmaa siipien alle

Tipitii

roikaa Rantasipi

Kuistin siimeksessä valokatteen tuulikello

avitti sävelen sointiisi

livertäessäsi Etelä-Pohjanmaan murteella

sairaanhoito-opiston sisäänpääsyä

Viimemainittuun panostaen

innosta minäkin

nyökkäilin komeat maisemat päälle

Liikapuron tekojärven rannan valuma-alue

säännösteli Kyrönjoen tulvan

Kyntensä syyhysivät

Kynsisammal kutitti

Yliopiston varsiluutana käytäviä hinkaten

harjakaisia ilta osakunnan perään

Auditoriossa dosentti punoo

asemasodan käsityöperinteen maakuntajaot

Takarivin poterosta kudon rintamatuliaiset

Kulmatytölle sinoperi tupsupipo,

nykerönenälle karmosiinit töppöset,

luennoitsijalle suuhun palttinasidos

ja polkkatukalle pyöröpuikolla

akvaarionsinisten lakanoiden lemmenryppyihin

elinnesteiden tilkkutäkin

Varoa pitää palohälytintä

Savuaa raivohullu värttinä

Aamuyön lumiaura raapii

ajatukset verille, valokeilaa

pimeään vaon,

kirkkopihaan kulkukoiran

Niin oli hurja

alastoman lanteesi tanssi

Peitti huomaamatta

sävelen

Piski puoliksi oloiseni

Taasen ei kultaa, vaan

roppakaupalla

noutajaa

Sateessa Tuomiokirkon restauroija

Syksyllä sitten taas, mumisit. Edes
kesällä kerran, etuilin

Tuulenväreiseen katulammikkoon
ranskalaisauton katoavat takavalot

Eilen ranskalaisiin suudelmiin,
katsastuskonttoriin, vuosihuolto,
sisäänajokin

Aamulla mysli kuivaa, jatkossa
etsimme yhä oikeaa

Vertaistuki Senaatintorilla
Harmaalokilla ranskanperuna

Paljon myöhemmin ymmärsin tapaamisen

samanlaiseksi kuin muistikuvani

keittokomeron raatokärpäsestä

jääkaappimagneetissa

Sinihailakat sifonkiverhot keinuivat

liiskattujen niveljalkaisten liaaneina kun

patjoilla kärpäspaperissa

salavuoteuden pysäkiltä nousin

peukalo pystyssä

kytkinvikaiseen kyytiisi,

hyötysuhteen surmanajoon

Kärpäslätkässä toisiimme

paloivat kynttilät molemmista päistä ja keskeltä

pirttipöydän jähmetti

taliroiskeet

Sameaksi jäähtyneet steariinipisarat

Rupeamina, jolloin valo

täytyy pitää päällä aamusta asti

kaikki puhkeaa

nihkeästä lemusta

Kahisemattomat märäntyneet lehdet, sokeritehtaan

piippujen erektio, autotallin homeiset valkeakuulaat, hien

ja Żubrówkan paini

Tavoin huurun

umpikujaan ajelehtinut elo

omaa ensin selvät äärirajat

kadoten piehtaroiden sysimustaan

Symmetria sammuu

Symmetria starttaa. Alkaa

elonkorjuu

TUOKIOKUVIA:
TOINEN LUONTO

| Korvenmaa-trilogia |

| Concerto I |

| Adagio |

| Varjot |

Takkuisen kesannon kupeessa

oltermanni katajien

rinnalle ristii oksiaan, pimeässä peloissaan

kananlihalla kalpenee

Tuuli viistosti kauhua kuiskaa, veisaa

O Fortunaa

Pilkkakirveellä veistetty aikuisen irvikuva

seuraa varjona kannoilla

saattojoukossa salakavala alakulo

Akseli kuolleessa kulmassa

avaan sylin siirtymiseen, asemakaava

mittaa rakennemuutoksen

Arvon terhot talteen keräten

Vanhan tammen kaatuessa

varjot katoavat

| Korvenmaa-trilogia |

| Concerto II |

| Andante |

| Valot |

Kylmän kivikumpareen kyljessä

petäjänpuolikas kitkuttaa

pirunviulua räystääseen, ränni horroksessaan

parkuu painajaisiaan

Koitin kavuta korkealle nähdäkseni näköalan

Linnantornista erotti valtaistuimen, vallihauta suojamuurin

Kirkontornissa kuuroutuivat korvat, kello löi herätyksen

Norsunluutorni poisti kiikarinsuojukset

Nöyrästi vihreätä valoa,

vaihdan sielunmaisemaa

Tähystyspaikka kyhätään toiseksi

Majakka alkaa maasta

| **Korvenmaa-trilogia** |

| **Concerto III** |

| **Allegro** |

| **Värit** |

Rehevöityneen ryteikön reunalla

asumiskyvyttömyyseläkkeellä autiotalo

kuihduttaa harmaaksi ehosteitaan

Ääriviivoistaan lahonneista surmaansa kituu

eikä valjusta tuskasta meikkinsä menettäneenä

veretön punamulta

muuksi muutu

Vihikoirat jo jäljet kadottaneet

Perinnöksi jäi ymmärrys sävystä

Raastinraudalla höyläsi liemeen

hippu kerrallaan

maustaakseen haluamallaan tavalla

Remonttiväreissä kemiaa, marinadi

sulassa sovussa

Hioutuakseen

tarvitsee aromi tasaparin,

toisilleen hiekkapaperin

Eikö polku ole sellainen

kun tuhannet ja taas tuhannet talloneet

aluskasvillisuuden lyttyyn

Kriikunapuiden rypyissä koriseva pihka

Takapihan vaillinaiset varjot ja

tavan takaa kirkuvat pakkasta

halvaantuneet kivet

Sitä se olemisen poltto

Kuurupiiloa ilman etsijää

Niin on päässä

tiedon polku

Kauhakuormaajat kuin tappelukukot

köhien syysruosteiset koiranputket

Nykäsen etunojaan. Rantaan

rakentavat jo uutta taloa, entisen polttivat

puliukot

Vesi seisoo hengittämättä ja on

Siltarumpumotellin aamiaispöydästä

sorsat lasisilmin

Jäähileiden kutuaika

Käännyn pois,

ikäännyn

Pellon juurella

turhan liikehdinnän tyhjiö. Kuopattu

tuulitarhan vankina

kesän turta puserrus

Laihtuva piennar, puitu

tönkköparta

Nokkosperhosen katkennut karmiiniloisto

Ojentuisin huojentuneena, tarttuisin

oljenkorteen kun

ei mairea melodia, ei uuttera nauru

Kaihon takiaiset kotkankynsin

Taivaan suutin tihkuasennossa

Kesällä märät korvantaustat

Tihru naulaa mieron tietä, lyhyt matka

pitkävetisyyteen

Pysähtyneisyys on kesannon huokuva sumu

Kuunvalon varjo soi ja

kaiku

Mariaanien hautaa syvempi

Punasta puuhkaisessa

auringonsillan katveen pihlajassa

natustaa irokeesi marjojaan

Valo sylkee viillon polun uumaan, vinkkaa johdatuksen

itkumuurin juureen

klapikasaan kätken kiitoskävyn,

itseeni tulevaisuuden

Poukaman halla halaa suon umpeen, kylmät näreet

kuurankukkaseppeleillä kruunaten

Tilhikin parka

tokkurassa

Telkänpöntön musta silmä

fariseuksen tuijottava tuomio

Alabasteripiipusta luodon mirhami

Ylikypsien vadelmien via dolorosa ja

tuhtoon liiskattu hyttysen krusifiksi

Ihme kyllä

Tyrskyyn

heitän viisi leipää, aika hamuta

kaksi kalaa

Nolostunut hallan hyväilemänä muratti

Punehtuneet kiipijäjuuriensa

suikistelevat posket

Vaaput viivana aamu-uinnille

Jospa heti treffit saaren sutenöörille

Hajulla kuulas symbioosi

Paskahuussin kupeessa kellopeippi

kukkii

Persputka ruokkii

Illan tullen sembramänty siivilöi valon

sukkasillaan

Vilpas pasaati sitoo vangiksi, vinkuu astmana

menehtyneen suven huokaus

Aistimus asemalaiturilta

Paraatimarssillaan tutut maisemat

yhtä nopeaan ja samanlaisina

kuin vuodet tähänkin saakka

Taivaalla höyhenkaula vaihtelua laulaa

Auralla urku auki ja parku

Arjen harmaasta karku harmaakurkien

Tiskipöydällä ystävä sähäkkä,

kaverina Hoomoilanen, ammollaan-

tuijottaja

Savustin aromia ulos työntäen

tuoretta makua hiljalleen etsien

Mielihyväkynnys nupuillaan

meri uhrannut on omaisiaan

Taivaanharso tipattomalla, pilviveikoilla

korkki kiinni

Keskikesällä takki auki

Eläköön!

Samarin ja harmaa hauki

Töyräällä kahlaan jalat maassa

Ilman rantaa olen maaton

Tulevaisuus ja tuhkapaju kietoutuneet

hämärän torkkupeittoon

Ruoholaukka jytää raskaalla tuulella

Nihkeä aamunkoi viuhahtaa märkärupisen kallion

Vesi herahtaa kielekkeelle

Penkereellä lammikon peilikuva hymyilee

Sydän on tullut kotiin

VESOJA:

KUORIUTUJAN UHO

Aamuaurinko hattu-uutteena

Kurkussa Perun pääkaupunki

Askelten satimeen

havunneulasten narskuva äänenmurros

Ajan takaa-ajossa

nuoruus siintää horisontissa

Pojasta operoitu polvi pahenee, kaikkoaa

maatuneen menneen selkä

Sillan jälkeen myrkynvihreä tarkkailukoulu

Vahdatkaa nyt saatana

Minä juoksen vielä, ei eläke

Ei tarvita puudutusta kun

pakkanen poskipäitä ja

irvessä, leukaperät turtuneet

Enkä ohittajaa niele

pururadatta

Vaahteran kanssa puolipukeissa

häveliäisyys kombinoi

Vaikka kropan poikkileikkauksessa vuosirenkaat pöhöttyneet

keho joka solullaan estoitta mekastaa

Ontuva mieli tilaa väliaikaishallinnon

Terve nielu terveessä ruumiissa, risatkin mahtipontiset

Voiman tulvassa

katoavat kartoilta rantaviivat,

nilkut riivattuna laukkaa, aukeavat vikatikit,

narsistin ura ja

Gordionin solmu

Minkä sukkasillaan valloittaa, sen

kailottamalla karkottaa

edustalla tiskin viskin

voimalla huutamalla se tarkoituksella

kai sanoi ettei riimit juurikaan

muuta vaan tahallaan pötköllään tekstiä

mokomalla pötkitä kovinkaan pitkälle

tosissaan valtoimenaan tavoin hullun

villin pohjaan paloi perin pohjin ohjat otti

vielä kerran kirkui runtatut rivit tyystin

melko lailla vailla järkee särkee

normaalin sällin aivan ihan kaali vaiko eikö?

kovassa melussa tuota pikaa oivalsin koon

ison öykkärin kun turpaan en yllä mylvin

kyllä

Syöksykierteilevä ensilumi riuduttaa mielen keitaan

Taatelipalmuista tulee keloja

Harjakattojen sovittaessa turkkiaan

värisevät varis ja termostaatti

Hetket tippuvat hiutaleina

vastatuulessa

ajan kinokseen sulaen

Muistot viikkaan vintille, ullakkoportaissa

pesii lahovika

Orapihlaja-aita hallan hyytelöimä halko

Päivänkakkarat kuihtuneet kumaraan

Tohtii mieleen tuulla, kunnolla heiluttaa

Vilkutan takaisin

Kasvatan paksummat juuret

Kuin puskista

pajunkissat kääntävät äkkipuuskasta poskiaan

ehkäistäkseen välienselvittelyn

missä totuuden henki pihisee ja

valhe peittää lyhyitä jälkiään

Karttunut nietokseksi saamattomuuden korko

puskutraktorin piiputtaessa ympärille

tekosyiden köhän

Antaa puhurin puhkua, verestää

virettä purjelahkeisiin

Entinen ruostunut nuotin viereen

Kilometrejä moukalla tuuria

ilman juuriharjakuuria

Lukkoon lyönyt tietyö

loskasta kuolaavat kivikadut

Säämies sylkee muutoksen siemenet

Terminen talviuni taipuu

Valovoima paljastaa uudet uurteet. Pakenevat

kimpassa käsikynkkää

pakkanen ja hiusraja

Säteilyenergia haalii haluja

Pilkistää hällävälistä

hedonisti

Arkiresori rispaantuu ja

viivana vyötärölle riento, vyörenkaalle kerralla

koko luonnonkierto

Että hunaja ei kotimaista, vanu nukkaantuvaa mallia ja

suklaalla liian tumma hipiä

Puolustuspuheen kulmakivi lepäsi keskinkertaisissa ohjeissa

Valamiehistön virtapiikki kärvensi sulakkeet

Ilmapiirin valaisi salamana

palava pensas, kymmenet käskyt, lait

Hammurabin päälle ja pisteet iin ja

jok'ikinen janiinedelleen

Pihalla lihana vereni kohina

220 volttia

trampoliinienergiaa

Soluhengitys pastöroi maitohapot

Neljäkymmentäkaksi luokkahuonetta ja keittiö

Opinkarpalot kihoavat otsalle

Vastuu valuu väärään kurkkuun

Kankkulan kaivoon tihkuu kuravettä

Hangon keksit loppuvat, alkaa

leipominen

Velvollisuudentunnolle korvapuustia

Iso pellillinen pakkopullaa

Taas pitämässä puolustuspuheitaan

pukemalla sanat kiireen viittaan

Tässä mikään hoppu ollut

Sinnepäin vain sohittu, vasurilla

tyylitelty

Yläaula aistii kiitokset

Yhdenkäden aplodit

Mieluiten haluaisitte kaiken heti

valmiina tarjottimella

pikkunättiin käärepaperiin

korean rusetin kera

Jos kylläisyyden

henkinen napa raapii selkärankaa,

oravanpyörään vartutte

hämmentäen mikrolämpimän elämänne

pussikeiton yhteensattumia

Totta kai nälkä kasvaa syödessä

kun rinnukset opin liemessä

suu kuivana kauhotte soppaa

haarukka vaivannäöstä vääntyen

Käyt jo yläkoulua, toisinaan tuntuu että

älyastetta

kun olet mielestäsi oivaltanut ettei

faija snaijaa, ei taaskaan tajua

Käsitä kuullun ymmärtäminen:

Kokemus järjen juoksee

Vuosi versoo viisauden

Ulalla Krokotiilirock

Tieto lisää Muskaa

Kirkkolahden sorsat teroittavat hokkareitaan

Luistinkentällä pikku-Laineet
nilkoissaan vastasyntyneen gasellin vibrato
hekumoivat kiitojensa lentoa
lämyihinsä
selostaen tähtikirpeän pakkasillan draaman

Tavoin ongenkohon pullahdat ylös, vajotaksesi taas
uuteen nousuun, poikaseni tulilintu Feeniks

Sinnikkyys murtaa jään, ole huoleti
täällä hukkua voit
korkeintaan meluun

Ylpeänä yhdessä
molemmat sisältöä täynnä
kuin mielemme mukaiset kantovälineet

Yksi muovikassi, toinen
sisupussi

Epäonnistuneista äng-äänteistä murruit surren

Ei kallo kysymystä visaisempi

Maltti vaan ei pelisi valtti

Napaiset tapasi

etuilla hännänhuippuna, suin päin suuna päänä

tasoittuvat maininkien hinkatessa

Sinulle annan voimani, kun et ole vahva

Kannan taakan taakse vuorten

Otan selkääni koko kylän, maan mannut

talon poikineen

Rihmastosi ylettyy haarani jokaiseen silmuun

Enkä omaa oksaani sahaa

Rahtuakaan vipuvartta jousta

Kangella ängen hongan rangat

TILINPÄÄTÖKSIÄ:
AJAN SAATTO

Serkkupoika oli aina vahvempi

Siks mun rooli vaan ojentaa tiiliä ku se pisti niitä menee

Vanha lasitehtaanraato lävähti piirun paskemmaks

Kalkkipaakut pensseleinä mönjättiin raunion huopakatot

Vuosia perässä keksivät isolla kirkolla graffitit

Oltiin pinttikasan arkeologit

Sirpalevaaran sulttaanit

Klunssin läpi ku tsiigas horisonttiin

maailma vinoili hippivärein

Väiskin halkokärryistä puuhattiin mahtitankki Tiger

Sai natsit maistaa omaa lääkettään

Pölly nummi, perkele

ku serkkupoika laitto megadieselin haisee

ja mä lahtasin himona sikakoirat

Kaivonraitin kainalosta kuikuiltiin Proteesi-Kaarloo

Maksanu oppirahansa sokeritehtaan ruuvikuljettimelle

Merirosvosti klenkkas rantakiviä raapien

Jänteikäs pirulainen uimaan, hyökyaallot dyykaten

ponttoonilaiturilla pomppi puujalka

Chopper-munamankeleilla sotkettiin

pinnat liipeistä vinkuen

mustan muijan haamua pakoon

Nummen suoraa nimismiehen kiharoissa

murtu takalegoista amalgaamit

Joispa pappa piimää, saatais pinnoihin rajumpi räpätin

Tuhatkahtasataa hiekkakuoppaan

Niemen notkoon, saarelmaan

Soudettiin Kärpästenherran mutarantaan

Kaulaa myöten pyhää työtä

maata vaiteliaana laakana, alla vetelä lakana

Ujo tuuli suuteli varpaat, oli liejulla lämpimät huulet

Kihokeista koluttiin kilpaa sulaneet raadot

Korvasivat neliapilat

Futisharhautukset hikoiltiin viheriön pintaan

Mä riplasin mielikuvitusvastustajat nippuun

kantapääkikalla läpi längistä ja

serkkupoika veskana ku hyppyantilooppi

Tenniksessä lätkittiin openit ja Wimbledonit

Donnayn pokat paukku ja Wilsonin jänteet nitisi ku

serkkupoika viileesti Borg, mä tuittu McEnroe

Vartuttiin vuosirenkaissa polyfoniaa:

Mattomikko, Unton Mosse, Makasiinin tahko,

lentokentän käki ja vastarannan vellikello

Ei mekään nupeista tuppisuisimpii

mut ihmeen kaupalla aina selvittiin

Serkkupojasta tuli kirvesmies, musta kansankynttilä

Se väsää taloja, mä valaisen niitä

Ja jos musta aika ennen serkkupoikaa

sanon portilla ett jätä inasen raolleen

Näkee hämyssä paremmin tulla

Hämyjä me ittekin

Serkkupoika ja mä

Me!

Auringon sarastaessa maailmanloppu tuli saunan takaa

Köynnöksen keltainen Kusiainen piiputti postilaatikolle

Vanhemmilta opittiin ensimmäiset arvot

Vain pitäjän pimeimmät porhaltaa Fiat kuussatasella

Lehtimajan purppurasyreenit huumasivat haarapääskyt

ilokiimaiseen kijerrykseen ja aamupissalla

pikku pippelit polttouhrina nokkosille

Pehmyt samettinurmikko hikoili kasteen vesikelloiksi

Mammalle ravattiin kilpaa Salon Seudun Sanomat

Piirongin yläloora avitti himoa kermatoffeella

Uutisista viis veisattiin, meille koko muu maailma

oli kaksipaikkaisen puuceen alppimaisemakalenteri

Nimikkolusikoilla gourmethistorian tähtihetki

Punainen riisisoppa parempiin suihin

Emaliastioissa ruusutarhan kutsu

Loput kanelikorpuista housuntaskuun, eväät seikkailuun

Puoliltapäivin notkui taivas kylään

Myymäläauto yläpykningin kuistin eteen

Lehtitelineessä Korkkari iski miljoonaa volttia ja

pappa kangaskassiin hillaisan Juhlatuutin

Eikä me pelätty mitään

paitsi ukkosta, mustankosteaa kellaria

ja ihan vähän enemmän

Aapion parturia

joka siiliksi ajoi jos käytös käsistä riistäytyi

Ne oli niitä aamuja

että iltaa odotti innolla

kun kohta oli taas aamu

Eikä niitä aamuja tule enää koskaan

muttei ole tarviskaan

sillä ne jotka saavat lapsuudessa lottopotin

vievät samalla päävoiton

koko lopun elämän

Kasvatit rakkaudella, hellästi

hyvänlaatuisena

Eivät solusi karmasta, jakautuivat

pahanlaatuisina

Nurkkaan ahdistetulle hiljaisuus on huuto, sikiö

avuttomuuden ylistyslauluun

Sokeat siinä soittavat

preludeja periferiaan, rammat

tanssivat

Tuijottavat iäti pimeää

Päät täyttyvät tyhjistä palasista kehystettyä mustaa,

hämäränäkö saa ylivallan, mielikuvitus

ottaa pelonsekaiset muodot,

alkaa laukata

holtitonna kohti hornaa

Teki sieluusi pesän

vauras jade

Jäit elämään, eivät

tietosi hukkaan

Siks oppis lainaa siemen, sen veri

Veti raunioiksi kesän

hauras sade,

myöhään

hiipivät omenapuut kukkaan

Juhannustorstaina sitten enkelit

Päiviesi rippeet olivat saman epätietoisuuden kertaamista

Tarinaa, jonka pää ja häntä eivät kohdanneet

Juonen kulku katosi sitä mukaa kun päähenkilöt mukautuivat

elämänmittaiseen satuun myötäkarvaan silittäen

Vuodeosastolla kaikki loistivat kilpaa,

kelmeät loisteputket, orastavat joulukoristeet ja

viattomuudesta hyväuskoiset silmäsi

Viimeisen katseemme kohdatessa toivoin tuuria

että sopukoissasi roolini oikea

Levylautanen pyöritti "Viva la Vidaa"

Puistikon latvusto tanssi tummana vyönä

Nostin kuopuksen syliin, esikoisen reppuselkään

Hongikko hengitti huopakengin

Yön selkään viimein sinäkin

Pelattiin skidinä Mustaa Maijaa mummin kans

ja mä fuskasin salaa muttei mummi mitään sanonu

vaiks se sen huomaski

Myöhemmin mummi ajautu pahaan jamaan ja

roudattiin aluesairaalaan

Invataksilla alta pois, rikkinäiset tuotteet

Skulattiin kundien kans koronaa ku

lasareetista soitettiin

Hoitsu kerto viileesti ettei mummii enää ollu

Ja mun maailma muuttu heti loppuiäks piirun verran

Jotenki ekan kerran tunsi kummaa vastuuta

ihan niinku oikeet aikuiset

Illalla painettiin Polski Fiatilla hiekkarantsulle ja jätkät

oli aika hiljaa

kai kunnioituksesta

tai sitte ne pelästy ku ne näki mun itkevän

Yöllä tuuli snadisti mut meri oli ihan vaiti

Kerättiin näkinkenkii ja kateltiin vilkkuvii tähtii

Mummin tähtii

Ei siinä mitään ihmeellistä ollut

Viattomuus pojassa eli maanantaista torstaihin

Silloin väpätti sulkapallokentän verkkonauha
Neppisskaboista syttyi vauhdin maailma
Pihakaivon lorina aneli tulitikkujen kilpauittoon
Donkey Kong tappoi tynnyreillä Marion

Maanantaista torstaihin
hävitty puistokeinun pituushyppykilpa
kostettiin pilkkukisassa pieneen maaliin

Yhtäkkkiä
eteenpäinjolkotuksesta ovelle kolkutti
perjantai

Aikuisuuden kutina tarjosi hopealusikkaansa

Aamulla luumuvarkauskin lapsellista,
pelikonsoli vaihtunut pajatsoon ja
sukupuolia olemassa kaksi

Lehtometsän hämyssä vaani miehenkirpeä tuoksu

Kerätyt röökintumpit raiskasivat keuhkoilta neitsyyden

Kipristelevässä vatsassa poltti pöllitty kotipunkku

Pussikaljapiilot purkautuivat maan povesta kilisten

Perjantaina

poikuus katosi piirun verran

Olihan se aika

ihmeellistä

VÄLÄHDYKSIÄ:

VERKALLEEN VALAISTUS

‖ Opetushallituksen kolmiportaisen tuen malli perusolemisessa ‖

‖ yleinen tuki ‖

‖ kuuluu kaikille ‖

‖ voidaan tehdä arvio ‖

Ikääntymisen

pelossa sikiää voimakkaimpana

unenomainen neuvottomuus

jossa varttumisen painajainen kuristaa

kaiken vanhan kivan

Avuttomana

kadotetun ajan kaukokaipuu

nappaa mieleltä liftin

samalle toivomuslähteelle

jossa sitten tumput suorina seisoo

joka ikinen kerta ilman kolikkoa

‖ **Opetushallituksen kolmiportaisen tuen malli perusolemisessa** ‖

‖ **tehostettu tuki** ‖

‖ **usean samanaikaisen tuen tarve** ‖

‖ **laaditaan arvio ja tehdään suunnitelma** ‖

Yksinäisyydessä

matka melankoliaan tapahtuu

ilman oppaita

niin rehellisesti ettei

kristallipalloaan voi petkuttaa

Jyvä kerrallaan sisin

nakertaa valheelta jalat alta ja

aurinkorannan hiekkalinna

hajoaa

Jäljelle jää

löytöretki totuuteen

jossa nähtävyyksiä alati sumentavat

poskikummuille vierivät

suolapisarat

‖ Opetushallituksen kolmiportaisen tuen malli perusolemisessa ‖

‖ erityinen tuki ‖

‖ pitkäaikaisen ja säännöllisen tuen tarve ‖

‖ laaditaan selvitys ja tehdään HOJKS

(henkilökohtainen olon järjestämistä koskeva suunnitelma) ‖

Rakkaus

on lukittuna vangitsematon

Pyyteettömänä kahlekuningas

Se ajaa veden läpi kerrosten,

ulos riivaajat,

tykistön asemiin

ja Abloyn konkurssiin

Liekin polttomerkki peittää alleen kaiken

Sinetissä ääretön sokka,

irrotessaankin

uhrin turmeltumattomuus

tahrattomuudesta kirkkain

Klassinen aamu

Drakenien kiitäessä Pirkkalaan

Ilkosillaan pussilakanoissa, joiden

pintaan on painettu Wolfgang Amadeus Mozartin elämä

Nekalassa soi työmaaruokalan pilli

Maanantain Taikahuilu

Keskitynkin tarkemmin

Nuotteja, tanssiaiset, kohtaus Don Giovannista ja

löysä penis Mozartin pianon alla

Uusivuosi

Vanhakin vielä hujan hajan

Naapuriin tulppaanien kera

itämaisia vieraita

Tulkaa mieluummin meille

Padoitta poksuu pikkukiinalaiset

Iloinen Amsteldam

Loppiaisena joulu

olutta ja mennyttä

Kauppakeskuksen pyhänjälkeisissä

rullaporrasnielu lonksuttaa leukojaan

Ale, Ale, Ale

Huomautat viestin ranskalaisvivahteisuudesta

Ja totisesti menet, ihmettelet miksen minä

Minussa mieluummin kiire

lepää lagereillaan

Lasinpuhaltajasuvusta pullosta imijäksi

syyttelevään sovinnonhierontaan jossa

tšekkiläinen tummaherra Mr. Krušovice ja

skottilainen kuuluisuus Sir F. Grouse

vertailivat arvovaltansa kausaalisuhteita

Parempi syy pivossa

kuin eilisen teeren poika

Ja kaikkien teiden viedessä koomaan

ilta nuoli rohtunein huulin

niin valtavassa tiedon janossa

että infotulva hukutti detaljit

Aamun datapuoli

ärtynyt suoli

Näet lääkekaapin päällä vessapaperipyramidin

Minulle Hippokrates lepää alla Kheopsin

Siinä missä katse kohtaa ympäristön

ympärillä oleva törmää tuijottajaan

Kauneus on katsojan filmissä

Sivustakatsojan stigmaa emme leimaa

Ennen Sharpia Finluxin

MM-kisat

Ämmänkisat

Kylillä olen enempi Kielletyssä kaupungissa ja

vastaantulijoille kulttuurinäky

Juoksumarssini alkanut muistuttaa

mantšunaisen sipsutusta

Energiani suuntaan kyllä ulospäin

muttei keskipakovoima toimi

Hedelmällinen keho vakuuttuu naamiaisista

jättiläispäärynän muotissa

Kun vyötärö ei lainaa pelastusrengastaan

vehkeet hukkuvat vatsan alle

Pian tarvitsen peniskoopin

ja illan lenkki

konjakkisinapin

Niin on kirkas, että isikin näkee leikata

Kyllä kai, kun kynttilät maksoivat kakkua enemmän

Veitsellä leikaten meni puoli vuosisataa

Tuputtavat onnea, leikkaa senkin avulla

vaikka useammin jää nykyään hämärän peittoon

Miehen iässä parasta aikaa on yli-ikäinen nuoruus

Papit ovat jo kyytinsä saaneet, Judas Priest

saa yhä ajoon tulla

Rypyt ovat vaivalla hankitut, ei tarvitse tasoittaa

Mutta tilit on tasattu,

hengitys tasoittuu ajallaan ja

tieni tasaan itse

Takan edestä johdan joukkoja

päällä pantterintalja

ja massasta vakaa vauhti

Ystävänpäivänä piipahdin poikkeamaan

Osaan jo kivasti perille

Pelattiin pasianssia, ei tällä kertaa

riitoja

Tulen taas kylään, kun talkoohengessä kutsutaan

Kimppakämppään en kyllä halaja, asumaan

ei tohdi toivoa

Yksinäisyydessä on kiva kaffitella

Pullaa riittää huolella

Vuodenkierrot jättäneet jälkensä

Jo arpeutuneet elon ruhjeet

Ehyt en enää kokonaan

Silkka synkkä kuitenkaan

Yön kajossa eebenpuun liekki

Kestänyt kovan paineen

kuumassa puristunut hiili

Ei puhdas valkea, paljas roihukaan

Kokemuksesta

sula musta tuli

KIPINÖITÄ:
LIKI IÄTI

Olit respan rehevästi kököttävin herkku-

tatti

Minä iglu tulisilla hiilillä

Lumimajassa kituva tervas

Vaikka haistoin palaneen käryn

nuotiosta itseni polttouhri

Enkä siitä hotellista lähtien

muuta toivonut

kuin että tulisit

ja veisit tuhkatkin pesästä

♥ Syyni Sinuun I

Saunan akkunasta vehmaan reunasi höyry

peilistä aikaa mitaten

Tiimalasi juoksee edellä

Uhkeana rehevöitymistä vastaan

Avohakkuunainen, Vesuritar

Ei laiha lohtu kun

verantaa ainavihanta

Sopivasti kilo silmälle

Enkä toista osta

sorjamarkkinoilta

💚 **Syyni Sinuun II**

Sinussa sentilleen

David Coverdale, Niles Crane, Vicks nuhaspray, Michael Wincott, Fairchild Republik A-10A Thunderbolt II, Johannislund, Battler Britton, Raymond Reddington, Laurence Hammond, Hannu Karpo, Greta Garbo, Markku Saukko, Petäjäveden vanha kirkko, Papillon, Cylon, Mike Tyson, Jensen Interceptor, Hodor, "Nano nano!", Zihuatanejo, Richie Blackmore, Forevermore, Gran Turismo, Plevnan panimo, Ozzy Osbourne, Sir David Attenborough, Koss Porta Pro, Chrome Azzaro, Rubikin kuutio, Raimo Vormisto, Art Nouveau, Sophie Marceau, Jacques Cousteau, tervashampoo, Douglas Wambaugh, Jack Sparrow, John Doe, Willem Dafoe, Zildjian K, Woody Harrelson, Dustin Henderson, Gibson Les Paul, Elvin Jones, Spock, kapteeni Haddock, Old El Paso Hot Taco Sauce, Albinoni's Adagio, Pegasos, Narkissos, Kullervon kirous, Boeing B-17 Flying Fortress, Dr. Martens, Concierto de Aranjuez, Midnight Express, Salma Hayek (Snake Dance), Claude Greengrass, Levi Strauss, Canopus Zelkova, Bodhisattva, Jarna Kuiva, Laika-koira, Imala Maika, Mikael Karvajalka, "Antoisaa elokuvailtaa!", Gandalf Harmaa, Jim Marshall, Burana 800, Riva Aquarama, ekumenia, Diego Maradona, Vinnie Colaiuta, Frank Zappa, Ibn Battuta, De Tomaso Mangusta, Mezquita, Junkers Ju 87 "Stuka", Katjuša, Äiti Teresa, Wakanda, kynsilaukka, hedelmäsuola, kaksois y-kromosomisten työsiirtola ja Alien, Hullu Hevonen, Konsta Pylkkänen, Stairway To Heaven, Klaus Maria Brandauer, Tag Heuer, Hannibal Lecter, Julius Streicher, Leo Fender, Darth Vader, Fox Mulder, Jägermeister, Kawasaki Stratacruiser, Fazer Mint, Karl Axel Björk, Nils Master, Spectre & Ernst Stavro Blofeld, Timur Lenk, Kent, Morgan Kane, Lännen suolaherneet, Alfa Romeo 2000 GTV, Valse Triste, Osvaldo Ardiles, sitruunatee, Yngwie Malmsteen, Kätkäläinen, Winden, tohtori Kiminkinen, Sainte-Chapelle, Quetzalcoatl, Kung Fu, hattutemppu, meripihkapiippu, sokerikanelikorppu, Tatu ja Patu, Amaterasu, Tonttu, Veikko Hursti, katajanmarjasavumeetvursti, Sergio Tacchini, Isabelle Adjani, kuokkavieras Khazizian, Rain Man, Pearl Jam, Avatar, "Run Forrest Run!", Shelby Mustang, Gary Oldman, Billy Cobham, Gotham City, Max Cady, Steve Gadd, Foxy Lady, gepardi, Wes Studi, Timo Susi, hottentotti, Lionel Messi, Islay whisky, Donald Leslie, Wayne Gretzky, Trubadurix, detective Sipowitz, Taivaan pilarit, Paavo Pesusieni, Mesa/Boogie, tryptofaani, Londo Mollari, Rintamäkeläisten tunnari, luutnantti Blueberry, Stéphane Grappelli, Alexandr Karelin, Utelias Vili, J. K. Rowling, Benny Hill, Mercedes-Benz 300SL Gullwing, Mr. Bean, Dust In The Wind, Vi-Siblin, Windmills Of Your Mind, kvintoli, July Morning, Ulvova mylläri,

oma imaamini nimi

Suolaisen ruovikon lotinassa

nokikanan iltajumppa

Olet ensimmäinen. Aloitit toisen

elämän

Kilpikonnapilvet dipattu taivaanlakeuden

mattasamettiin

Laitoksella kätilö viljeli runomittaa

että kosolti tukkaa, mutta ilman

suolinukkaa

Kadehdin ja kiron tiiraa

joka paskoo silokalliolle

Juan Mirón

Ei anna kipinää kärkien väliin

Perämoottori käymättä kolmatta päivää

Heti kestovaipan jälkeen

omasi kyllä

Metsänrajan matta piikkisilhuetti

kehrää iltaruskon säteet

Olet toinen. Kaksinkertaistit

auvon

Golfkentän sadettajasta sateenkaaren pää

Pyhän Birgitan kirkkoon

Kuin Kairon taksikuskit

kätilö kiilasi matkalla

keskoskaappiin

Valon voisulasta sukellus akvamarinadiin

Osastolla rukoilin Marvelin otsikon:

"Sininen supersankari päihitti napanuorakuristajan"

Happihotellin lasiin peukunjälki

Minne tie viekään, ei milloinkaan

mieli etäällä. Pieni älä pelkää

Suursmurffi täällä

Villityrnin yrmeä ilme

kesyttää hieskoivun salapuheen

Olet kolmas. Jakamattomana loit

Pyhäinyhteyden

Elohopeinen kuu hikeä tihkuu

Tyyni päällystää tyrskyn silmän

Kätilö noitui lumimyrskyn

Normi päivä taimistolla

Laskin tunteja, että tulet pilana

Sinä leikkiä ja minuutteja yli aprillipäivän

Älä vallan kaikkea perässä tee

Hio reunoista, pyöristä kulmia

Muttei vängällä muottiinkaan

jos toisin ajattelet

Sairaalaparkissa vierekkäin lastenvaunut ja Ruduksen puoliperävaunu

Kyltissä alun taive: "Saapuva raaka-aine"

|| Opetushallituksen kurinpitokeinot perusolemisessa ||

|| Jälki-istunto ||

Rinnakkain asettelussa tasavertaisuus auttaa perillepääsyä

Siksi minä ajan ja sinä olet kuskinpukilla

Sinä kerrot missä sudenkuoppa

Minä väistän ajoissa, vetäydyn turvallisesti tieltä

Piinapenkissä palli heiluu

Vierekkäin syöttötuoli ja heittoistuin

Kaunolla kirjoitetut ohjeet

takaavat pehmeän ajolinjan, suullinen

tekee selvää jälkeä

Hissukseen körötellään kohti täysistuntoa

Ajovaloissa arjen loiste

Penkinpainajaisia joskus toiste

|| Opetushallituksen kurinpitokeinot perusolemisessa ||

|| Siivousvelvoite ||

Myönnän ratkaisseeni lopullisen ostopäätöksen

Pölynimuri tunnustaa lempijoukkueeni värejä

Toisinaan saat siitä mahdollisuuden vuorisaarnaan

että omaan talutukseen yksinoikeuden

että rankkuri ripeämmin villakoiransa

että useammin talo tomut kivijalastaan

Isket vyön alle, epäsoinnunkin, vaan

et naulan kantaan

Älä opponoi, tee tavoitetta hölynpölyksi

olen puolustanut imuria ennenkin ja

lakaisen tehokkaasti

vastustajat maalinedustalta

‖ Opetushallituksen kurinpitokeinot perusolemisessa ‖

‖ Kasvatuskeskustelu (KAKE) ‖

Ostin loppuunmyynnistä pumppukonepistoolit

Olit niin into piukassa, etten raaskinut puuttua

"Ladataan kaivovedellä ja listitään Jotunheimin jäiset jättiläisrunkut!"

Sellainen suhde, millainen nuhde

Illan siimeksessä väsäsimme liukumäestä Odinin luolan

Tähystit tarkasti Kalmoniityn yli Vainajavuorelle

Tovin jälkeen huoli painoi lysyyn pikku hartiat

Lohkesi vastuun taakasta reppuselkään pelon riippakivi

"Jos aseet eivät tehoa? Jos pääsevät läpi infrapunaportin? Mitä sitten isi?"

Ei hätää urhea soturini

Lisätään säiliöihin happolimapatruunat

Kyhätään kääpiönraadoista syötti ja jäädään kytiksele

Niitataan ketjukuulanuijalla vastapalloon, aivolohkoista marmeladia

Syötetään kuplivat suolet Valhallan sudelle ja

juodaan vahvaa simaa, tanssitaan neidoille ugatsagaa

Kehässä ympyrä sulkeutuu

Välillä ahdistat köysiin

Vielä isken silmää

Lukua laskemme viiteentoista

Kristallihäiden verran

Enkä pyyhettä kesken heitä

kerran kiskot kanveesista

Olet veroinen vastustaja

Vuosi vuodelta

arvonlisäprosentti nousee

Imeneet veren

pientareen pystyyn kuolleet puut

Asemalle viestisi

Kylpylä kääriytynyt lumiviittaan. Lähtöhetkellä

huulikaaren pehmeys

tihkuisen Sumatran henkäys, soopeli-

turkki, skottiviskin sametti

Kahvilaan tippaleivän tuoksu

Servettiin piirrän sydämen. Lailla tulevan illan

lyijykynä tylsä

Tukkasotkan sukellus matalikkoon

Peiton alle pintaasi pitkin

aamunkajoon virvatulen liekki

Hankaussähkö valaisi

ihon kiitoradan kulmikkaat töyssyt

Laskutelineet lerpallaan

lyhdyn hohkeen hyttyset

imitoivat draculaa

Tyynyliinalla kuivuneet kuolapisarat

Sen seitsemän meren hyväilyistä

lailla nektarin kirpeyden tihkuneet

Hetkessä huokausten silta, kanootti

yli häviävän menneen miilun

Aution patjan möykyistä ikävä

repii tapetit, käskemättä

käpertyvät ummikot kyykkyyn ja pimeän

kämmenpohja sulkee kasvot kaiken

Tullessasi älä turhaan puhu, kosketa

kaipaus kauas pois

Niin kaunista kuin tämä kevät

en jälkeesi heti tunne

SISÄLLYS

SULA MUSTA TULI

KIPINÖITÄ: LIKI IÄTI